AF263475

HISTOIRE

DE L'ÉGYPTE

DEPUIS

LA CONQUÊTE DES ARABES

JUSQU'A

CELLE DES FRANÇAIS.

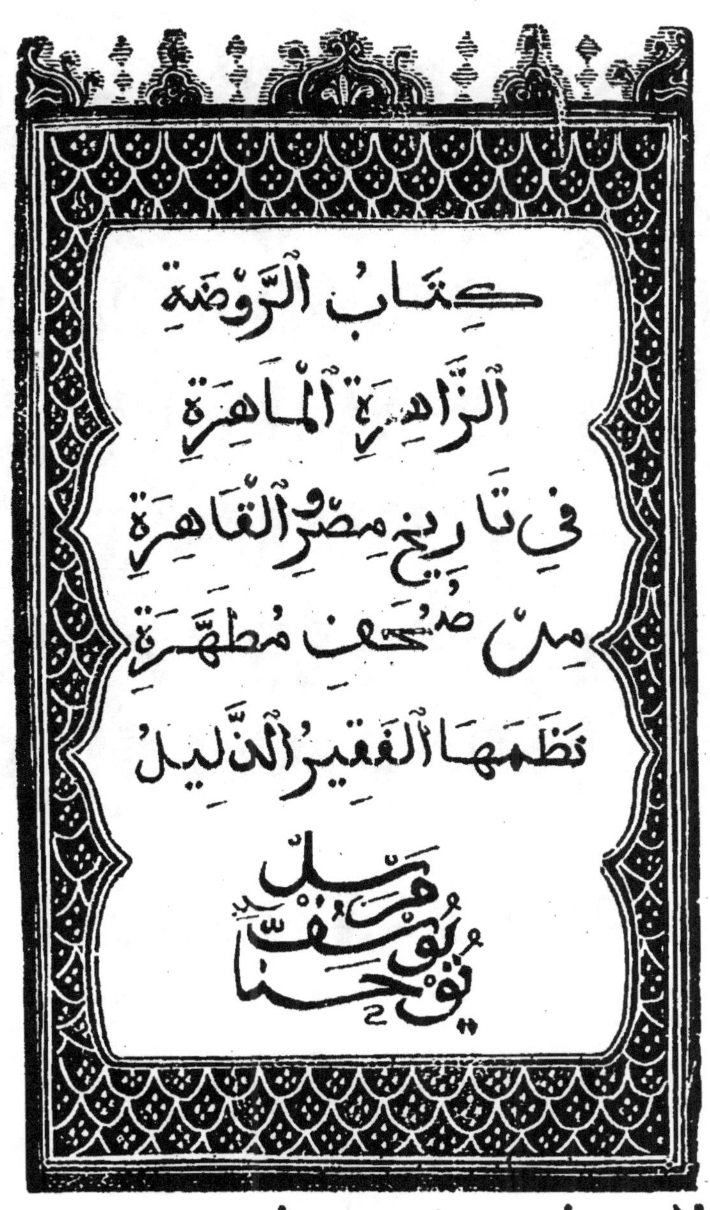

طبع في باريس في سنة ١٢٤٩

HISTOIRE DE L'ÉGYPTE DEPUIS LA CONQUÊTE DES ARABES JUSQU'A CELLE DES FRANÇAIS

Par J.-J. Marcel,

CHEVALIER DE L'ORDRE ROYAL DE LA LÉGION-D'HONNEUR, ANCIEN DIRECTEUR-GÉNÉRAL DE L'IMPRIMERIE NATIONALE EN ÉGYPTE ET DE L'IMPRIMERIE IMPÉRIALE A PARIS, ANCIEN PROFESSEUR SUPPLÉANT DES LANGUES ORIENTALES AU COLLÉGE ROYAL DE FRANCE, MEMBRE DE LA COMMISSION DES SCIENCES ET ARTS D'ÉGYPTE, DU CONSEIL DE LA SOCIÉTÉ ASIATIQUE DE PARIS, DE LA SOCIÉTÉ ASIATIQUE DE CALCUTTA, DE L'ACADÉMIE ROYALE DE CAEN, ETC.

PARIS.

Imprimerie de Henri Dupuy,
RUE DE LA MONNAIE, 11.

AVIS

PRÉLIMINAIRE.

Cette Histoire de l'Égypte, *depuis la conquête des Arabes jusqu'à celle des Français,* a été composée pour faire partie du grand ouvrage qui se publie en ce moment sur l'Égypte (1); et, en effet, elle en forme le second volume d'introduction.

Mais comme ce volume renferme, dans un cadre resserré, l'une des périodes les plus importantes de l'histoire orientale, on a cru devoir en faire un tirage à part, de quatre-vingts exemplaires seulement, nombre qui a paru suffisant pour les orientalistes que ce tableau pourra spécialement intéresser.

(1) Histoire scientifique et militaire de l'expédition française en Égypte, d'après les Mémoires, matériaux et documens inédits, communiqués par des généraux de l'armée d'Égypte et des membres de l'Institut du Kaire; rédigée sous la direction de X.-B. Saintine, J.-J. Marcel, et L. Reybaud. 12 vol. in-8° et atlas, grand in-4° de 300 planches et 200 portraits, publiés par Dénain et Delamare, éditeurs-propriétaires.

J'adresserai ici mes remerciemens sincères à mon collègue dans la rédaction du grand ouvrage, M. L. Reybaud, pour les soins particuliers donnés par lui à la publication de ce Morceau historique, qui n'a pu certainement qu'acquérir par là un nouveau prix.

Dans la réunion des matériaux de cette composition, nouvelle dans son plan comme dans ses détails, et renfermant l'histoire spéciale, non entreprise jusqu'à présent, d'une des plus belles contrées de l'Orient, pendant douze siècles, je m'étais imposé la loi de ne consulter que les écrivains orientaux, comme devant nous donner mieux la vérité sur les circonstances et les motifs des événemens dont leur pays a été le théâtre; en effet, à l'exception de quelques courtes citations de nos historiens des Croisades, tout le reste de la narration est fidèlement extrait des auteurs arabes dont la plupart sont inédits et font partie du précieux trésor de manuscrits que j'ai pu recueillir en Égypte, et qui, au nombre de plus de deux mille, enrichissent ma bibliothèque.

Je crois devoir ajouter ici une Notice sommaire sur chacun des historiens de l'Orient dont je me suis servi. Si quelques-uns des détails qui les concernent sont peut-être déjà connus de nos savans orientalistes, j'ose espérer qu'ils y en pourront aussi trouver de nouveaux, non encore publiés ; et j'ai pensé que cette réunion de notes biographiques et bibliographiques, rangées par ordre de dates, pourront, en inspirant plus de confiance pour mon travail, ne pas être sans quelque utilité pour les amateurs de la littérature orientale.

I

BOHA-ÊD-DYN.

القاضى بهاء الدّين ابن شدّاد

Bohâ-éd-dyn, fils de *Chaddâd*, était qâdy de Haleb, et contemporain de *Salâh-éd-dyn* (Saladin), qui l'honora d'une faveur particulière, et le choisit pour son vizir, l'an 584 de l'hégire (1188 de notre ère).

Bohâ-éd-dyn, qui, par sa position même, a dû connaître mieux que tout autre les motifs et les détails des actions de Saladin, a composé l'Histoire de ce Prince, sous le titre suivant :

سيرة السلطان الملك الناصر
صلاح الدين ابى مظفر
يوسف بن ايوب بن شادى

Une édition en a été publiée par le docte Albert Schultens, à

Leyde, en 1732, in-f°, d'après le M.S. n° 1819 de la bibliothèque de Leyde; la bibliothèque Bodleyenne, à Oxford, en
possède aussi un M.S. n° 788.

Bohâ-el-dyn, qui paraît avoir commencé à écrire avant l'époque
de son vizirat, mourut, suivant *Abou-l-fedâ*, l'an 652 de l'hégire (1234).

II

ABD-ÊL-LATYF.

الشّيخ الامام الغاضل موفّق

الدّين ابو محمّد عبد اللطيف

البغدادى

Abd-Êl-Latyf, fils de *Yousouf*, et petit-fils de *Mohammed*,
était né l'an 557 de l'hégire (1162) à Baghdâd, où il exerça d'a-
bord la médecine. Il séjourna ensuite à Moussoul, puis à Damas,
et parcourut toute la Syrie. Il vint enfin habiter le Kaire, et il y
a beaucoup travaillé sur l'histoire et la description de l'Égypte.
On a de lui un ouvrage sur ce sujet, intitulé :

كتاب الافادة والاعتبار في

الامور المشاهدة والحوادث

المعاينت بارض مصر

Une édition de cet ouvrage, rempli de détails curieux concer-
nant l'histoire d'Égypte, a été publiée en Allemagne, à la fin du

siècle dernier, par les soins de M. H. E. G. Paulus, sous le titre suivant :

Abdollatiphi Compendium memorabilium Ægypti, etc. edidit D. Joseph White, præbend. Glocest. Arab. L. Profes. et Collegii Oxon. socius. Tubingæ 1789.

Ce dernier orientaliste en a fait depuis imprimer à ses frais, en Angleterre, une autre édition intitulée :

Abdollatiphi Historiæ Ægypti Compendium, etc., Oxonii, typis academicis, 1800.

Le plus illustre de nos orientalistes, M. le baron Sylvestre de Sacy, en a ensuite donné une traduction française qu'il a enrichie de notes précieuses et d'appendix fort importans relatifs à l'É-gypte. Cette traduction porte le titre suivant :

Relation de l'Égypte par Abd-allatyf, medecin arabe de Baghdâd, etc., Paris, de l'Imprimerie impériale 1810 *in-4°.*

La bibliothèque Bodleyenne possède, sous le n° 794, un M.S. qu'on croit l'autographe même d'*Abd-él-Latyf.*

Abd-él-Latyf, qui n'a écrit que postérieurement à *Bohá-éd-dyn,* mourut à Baghdâd le 12 Moharrem de l'an 629 de l'hégire (9 novembre 1231).

III

ÊL-MAKYN.

﷽ الشّيخ المكين جرجس بن العميد أبو الياس بن ابى المكارم بن ابى الطيب ﷽

Gergis Ben-êl-Amyd, plus connu sous le nom d'*êl-Makyn,* dont nous avons fait celui d'*Elmacin,* était né l'an 620 de l'hégire (1223), en Égypte. Quoique chrétien de naissance et de religion, il exerça les fonctions de secrétaire des khalyfes; il mourut à Damas l'an 672 de l'hégire (1273). Nous avons de lui une histoire universelle de l'empire musulman, depuis Mahomet jusqu'à la domination des Atabeks; elle est intitulée :

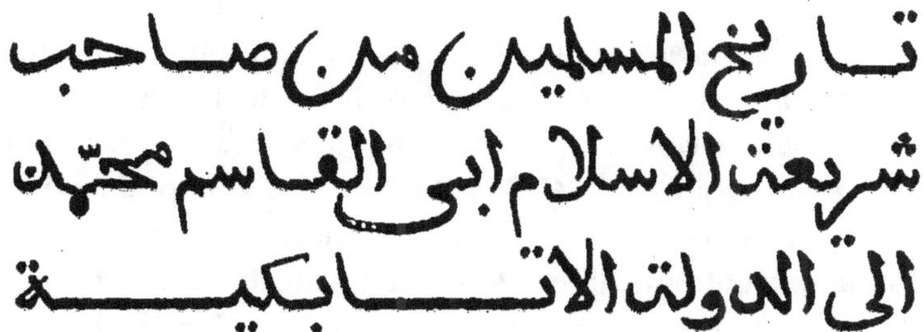

Le célèbre Thomas Erpénius en a donné une édition imprimée in-f°, à Leyde, en 1625, sous le titre d'*Historia Saracenica*.

Cette édition, souvent inexacte, a été faite d'après le manuscrit conservé dans la bibliothèque de Heidelberg.

La bibliothèque Bodleyenne en possède deux M.SS. nos 715 et 735, et la bibliothèque royale de Paris un sous le n° 618.

Pierre Vattier, conseiller et médecin du duc d'Orléans, en a publié, à Paris en 1657, une traduction française qu'il a intitulée : *L'Histoire Mahométane, ou les Quarante-neuf Chalifes du Macine.*

Le style de cette traduction est barbare et presque toujours inintelligible : les noms propres y sont défigurés de la manière la plus étrange.

IV

ABOU-L-FARAG.

Kryghouryous (Grégoire) *Abou-l-Farag,* connu aussi sous le surnom de *Bar-Hebræus,* était chrétien de la secte jacobite; il naquit à Malatyah, ville de l'Asie-Mineure, l'an 1537 de l'ère des Grecs, 623 de l'hégire, et 1226 de notre ère. Son père *Ahroun,* qui était médecin, donna les plus grands soins à son éducation, et le fit instruire dans les langues de l'Orient, dans la théologie et dans la médecine. Agé de vingt ans, *Abou-l-Farag* vint l'an 642 de l'hégire (1244), à Antioche, puis à Tripoli de Syrie, où il fut sacré évêque de *Goubah,* et ensuite de Haleb; enfin, à l'âge de quarante ans, il fut élevé à la dignité de Primat d'Orient, qu'il conserva jusqu'à sa mort, arrivée l'an 1597 de l'ère des Grecs, 685 de l'hégire et 1286 de notre ère, à *Maraghah,* ville de l'Aderbydjân.

Les bibliographes orientaux citent de lui trente-quatre ouvrages tant en arabe qu'en syriaque dont la bibliothèque royale a dix-huit M.SS.; je ne citerai ici que les deux dont j'ai fait usage.

Le premier, en langue syriaque, est intitulé :

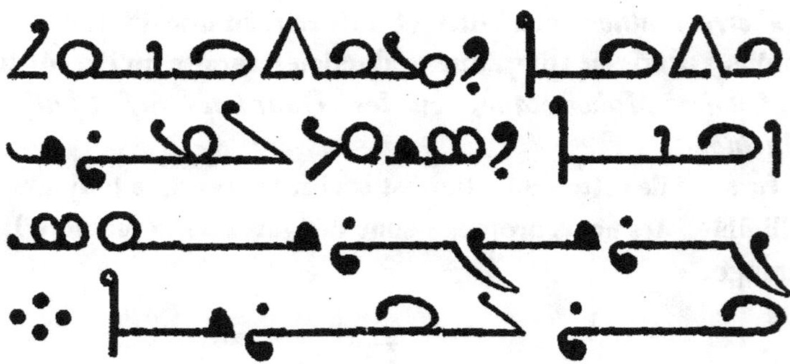

Cet ouvrage renferme une Chronique des dynasties orientales, depuis la création du monde jusqu'aux temps où vivait l'auteur. Il en existe des M.SS. dans la bibliothèque Vaticane, n° 24 des fonds de Clément XI et d'Innocent XIII; dans la bibliothèque Bodleyenne, n° 25 et 96.

C'est d'après ces deux derniers M.SS., que les orientalistes P.-J. Bruns et G.-G. Kirsch ont publié à Leypsick, en 1789, une édition in-4°, intitulée : *Bar-Hebræi Chronicon Syriacum.*

Le second, en langue arabe, a pour titre :

Cet ouvrage, composé postérieurement au premier, en est la traduction, ou plutôt l'abrégé, comme l'indique son titre : « Histoire abrégée des Dynasties. » Cette histoire jouit dans l'Orient d'une égale estime chez les Chrétiens et chez les Musulmans : la bibliothèque Vaticane en possède un M.S., n° 10 du fonds de Clément XI ; et il s'en trouve deux dans la bibliothèque Bodleyenne, n⁰ˢ 96 et 97.

C'est d'après ces derniers manuscrits, que le savant Édouard Pococke a publié à Oxford, en 1663, une édition in-4°, intitulée :

Historia compendiosa Dynastiarum, autore Gregorio Abul-Pharajio.

On en conserve quatre manuscrits dans la bibliothèque royale de Paris, n⁰ˢ 136, 136 A, 137, 147.

V

ABOU-L-FÉDA.

عماد الدّين اسمعيل ابو الفدا
بن ناصر صاحب حماة

Omâd-éd-dyn Ismayl Abou-l-Fedâ naquit à Damas l'an de l'hégire 672 (1273), et était fils de *Nâsser*, de la famille illustre des Ayoubites. *Saladin* avait concédé à cette branche collatérale de sa race la principauté de Hamâh en Syrie. L'invasion du Tartare Houlagou, en l'an 658 de l'hégire (1259), dépouilla les chefs de la dynastie ayoubite de leur suzeraineté sur la Syrie, qui passa ensuite entre les mains des Mamlouks Baharites ; mais les petits princes de cette famille conservèrent leurs fiefs en se reconnaissant vassaux des vainqueurs. Le feudataire de Hamàh, *Mozaffer*, neveu de Saladin, mourut sans postérité l'an 698 de l'hégire (1298), et laissa sa principauté à un de ses parens nommé comme lui *Mozaffer*, cousin d'*Abou-l-Fedâ*. Ce prince fut dépossédé par le sultan mamlouk *él-Melek-él-Nâsser* alors régnant, et *Abou-l- Fedâ* vint à Damas pour réclamer auprès du suzerain son droit d'hérédité. Il se distingua tellement dans la bataille qui expulsa les Tartares de la Syrie, que le sultan, non-seulement le réintégra dans le fief de Hamàh, l'an 710 de l'hégire (1310), mais encore le lui abandonna dix ans après en toute souveraineté. Il en jouit jusqu'à sa mort, arrivée l'an 733 de l'hégire (1332).

Abou-l-Fedâ honora le trône par son ardent amour pour l'instruction. Il composa divers ouvrages importans, et entre autres la meilleure description géographique que nous ayions encore des contrées de l'Orient.

Je ne ferai ici mention que de son grand ouvrage historique, qui est sans contredit le meilleur guide que l'on puisse suivre pour l'histoire orientale. Cet ouvrage, qui est une Histoire universelle, est intitulé :

كتاب المختصر في اخبار البشر

La bibliothèque Bodleyenne et celle de l'Escurial en renferment des M.SS. La première sous les nᵒˢ 686, 687 et 689; la seconde sous le nᵒ 1636. La Bibliothèque royale de Paris a le bonheur de posséder l'autographe même d'*Abou-l-Fedâ*, qui d'abord avait appartenu à Séguier, puis à l'abbaye Saint-Germain-des-Prés. Enfin la bibliothèque de Leyde en a un M.S. sous le nᵒ 554 du fonds de Warner.

Le célèbre Adler a donné une édition de la partie qui comprend spécialement l'histoire musulmane, et l'a fait imprimer à Copenhague, de 1789 à 1794, en 5 vol. in-4°, sous le titre de : *Annales Moslemici*

La Vie de Saladin, extraite de ces mêmes annales, avait déjà été publiée par A. Schultens, à Leyde, en 1732.

VI

ABD-ALLAH-BEN-ABD-ÊL-ZAHER-ÊL-KATEB..

عبد الله بن عبد الظاهر
الكاتب *

Cet historien n'est cité par aucune des biographies et des bibliographies orientales; mais son titre de *Kâteb* fait présumer qu'il
était secrétaire intime ou historiographe du sultan dont il a écrit
les annales. Ce qui est certain, c'est qu'il était contemporain et
qu'il a décrit les faits à mesure qu'ils se passaient sous ses yeux:
ainsi nous ne connaissons de lui que son nom, son ouvrage, et la
date à laquelle il écrivait. Le manuscrit de cette œuvre historique fait partie de ceux que j'ai rapportés d'Egypte: il est de
format in-4°, et remarquable par la beauté de son exécution et
le soin grammatical de sa calligraphie. Il est intitulé :

الالطاف الخفية من السيرة
الشريفة السلطانية
الملكية الاشرفية

Malheureusement le volume ne contient que la troisième partie
de l'ouvrage entier, comme l'indiquent les mots *él-Djouz-él-
Thâlith* placés dans un cartouche élégant au haut du frontispice,
qui, lui-même, est enrichi d'ornemens en or et d'enroulemens
d'une exquise délicatesse.

Ce volume, rédigé en forme d'annales, ou plutôt de mémoires
historiques, ne renferme que les événemens de l'histoire d'Égypte

qui se sont passés dans les derniers mois de l'an 690 de l'hégire (1291) jusqu'aux premiers jours de l'an 691 (1292). Il contient l'histoire particulière et détaillée d'une partie du règne du sultan *el-Melek-el-Achraf* (*Saláh-éd-dyn-Khalyl*), fils du sultan *Qaláoun*, et huitième prince de la dynastie des Mamlouks Baharites.

On y trouve textuellement un grand nombre de pièces officielles, surtout relatives à la correspondance entre le Sultan et le khalyfe *el-Hâkem-be-âmr-Illah*, deuxième titulaire de la seconde branche des Pontifes Abbassides établie alors au Kaire. L'auteur, en terminant ce volume, qui est l'autographe même, en date l'achèvement du 27 Moharrem de l'an 691 de l'hégire (19 janvier 1292), et annonce l'intention d'en écrire une quatrième partie à mesure que les événemens se présenteront.

Un cartouche marginal, orné avec autant de luxe que le reste du frontispice, prouve, par la suscription qu'il contient, que ce volume est celui qui a été présenté en hommage par l'auteur au sultan *el-Melek-el-Achraf* lui-même, et qu'il a fait partie de la bibliothèque de ce sultan.

VII

ANONYME.

Ce M.S. arabe, de format grand in-4° ou plutôt in-f°, a été aussi rapporté par moi d'Égypte : il est sans titre et sans indication de nom d'auteur.

Ses premières pages sont consacrées à un précis de l'histoire d'*Akkah* (Saint-Jean-d'Acre), depuis l'an 467 de l'hégire (1074) jusqu'à l'an 690 (1291), époque de la prise de cette ville par le sultan *el-Melek-el-Achraf*.

Ensuite sont rapportées en forme d'annales, année par année, les événemens détaillés de l'Egypte et de la Syrie, depuis l'an 691 de l'hégire (1292) jusqu'à l'an 742 (1341) ; sous le règne du fils du sultan *el-Melek-el-Nâsser*, *Chahab-éd-dyn-Ahmed*, surnommé comme son père *el-Melek-el-Nâsser*, et quinzième prince de la dynastie des Mamlouks Baharites.

Ces annales qui renferment un grand nombre de pièces officielles et de correspondances importantes, sont autographes, et
l'auteur déclare par une annotation finale que le 17 de Gemâdy-
êl-tâny de l'année 742 de l'hégire (28 novembre 1341), époque à
laquelle se termine son récit, est en même temps la date où il a
achevé de l'écrire; et il annonce l'intention de le continuer.

Ainsi ce manuscrit et le précédent sont également des mémoires
contemporains.

VIII

ÊL-MAQRYZY.

تقى الدين احمد بن على بن عبد القادر بن محمد وهو معروف بابن المقريزى

Tâqy-êd-dyn-Ahmed était fils d'*Aly*, petit-fils d'*Abd-êl-
Qâder*, et arrière-petit-fils de *Mohammed*. Son père fut surnommé *êl-Maqryzy* du nom d'un des faubourgs de Baalbek dont
il était originaire. Ce surnom d'*êl-Maqryzy*, qui n'appartient
qu'au père de notre auteur, est cependant celui sous lequel nos
historiens occidentaux le désignent lui-même, mais à tort, car
son véritable surnom est *êbn-êl-Maqryzy* (fils d'*êl-Maqryzy*) :
quant à lui, il était né au Kaire l'an 769 de l'hégire (1367), et
il y mourut l'an 840 (1436); quelques-uns cependant reculent
l'époque de sa mort jusqu'à l'an 845 (1441).

Nous avons de lui plusieurs ouvrages justement admirés sur di-
verses matières; mais il s'est plus spécialement occupé de l'histoire
de l'Égypte, à laquelle il a consacré un grand ouvrage rempli de
recherches précieuses et d'érudition.

Ce recueil historique, le plus important de tous ceux que nous avons sur l'Egypte, et le plus abondant en riches matériaux, est intitulé :

كتاب المواعظ والاعتبار فى ذكر الخطط والآثار من تواريخ مصر

Il existe un grand nombre de manuscrits de cet ouvrage à la bibliothèque royale de Paris (M.SS. arabes n⁰ˢ 673 A, 673 c, 680, 682, 693, 789, 797, 798, 799). La bibliothèque de l'abbaye Saint-Germain-des-Prés en possédait également un exemplaire qui se trouve maintenant à la biblothèque royale (n⁰ 106 *M.S. or. S.-G*).

J'ai moi-même rapporté d'Egypte un beau M.S. d'*ébn-él-Maqryzy*, que j'ai recédé à l'un de mes anciens maîtres, M. Caussin de Perceval, membre de l'Institut et professeur de langue arabe au collége royal de France.

IX

ABOU-L-MAHASSEN.

* جمال الدّين أبو المحاسن يوسف بن تغرى بردى *

Gemâl-éd-dyn Yousouf est le plus souvent cité sous son surnom d'*Abou-l-Mahâssen*; il est aussi fréquemment désigné par le surnom de *Ben-Taghry-Berdy*; il avait en effet pour père l'émyr *Taghry-Berdy*, qui fut gouverneur de la province de Haleb sous la dynastie des Mamlouks Baharites ou Circassiens.

Abou-l-Mahâssen passa sa vie au Kaire sous le patronage des sultans mamlouks, qui lui accordèrent une faveur particulière et le revêtirent aussi du titre d'émyr. Mais il dut la grande considération dont il jouissait moins à sa haute dignité qu'à ses qualités personnelles et à sa profonde érudition, surtout dans tout ce qui concerne l'histoire d'Égypte.

Il a composé un grand ouvrage historique, intitulé :

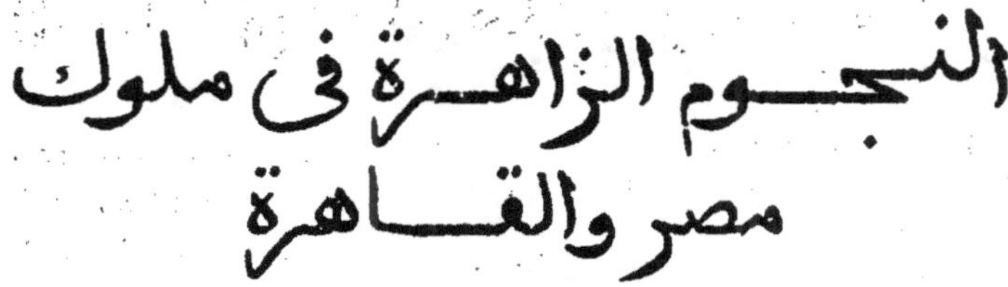

Cet ouvrage contient l'histoire complète de l'Egypte depuis l'invasion des Musulmans jusqu'au douzième sultan de la seconde dynastie des Mamlouks, qui fut inauguré l'an de l'hégire 857 (1453).

La bibliothèque royale de Paris en contient quatre manuscrits, nos 654, 669, 670 et 671.

Un manuscrit en existe à la bibliothèque d'Upsal, et l'orientaliste Jons Olsson en a publié, en 1785 et 1787, à Lund, ville de Suède célèbre par son université, deux fragmens relatifs à l'histoire de *Ahmed-ébn-Touloun.*

P. J. Appelberg en a donné un autre fragment sur l'histoire de *Khomarouyah*, second prince de la dynastie des Toulounides.

Abou-l-Mahássen a composé un grand nombre d'autres ouvrages historiques, en partie abrégés de son grand recueil, et ses travaux méritèrent tellement l'estime générale, qu'il fut décoré du titre de *Mouarrekh-Mesr* (historiographe d'Égypte).

Parmi ces dernières publications, on remarque celle qui est intitulée :

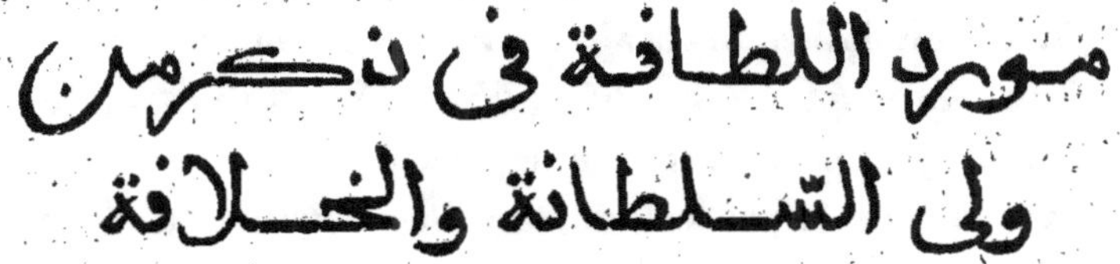

La bibliothèque Bodleyenne en possède un M.S. n° 778 ; il s'en trouve aussi un exemplaire dans la bibliothèque de Cambridge : c'est d'après ce dernier que le docteur J. D. Carlyle a publié en 1792 une édition in-4° intitulée : *Rerum Ægyptiacarum annales,* etc. , *Cantabrigiæ, typis academicis.*

Ces annales contiennent l'histoire abrégée de l'Égypte sous les khalyfes Fatimites et les sultans Mamlouks, depuis l'an 361 de l'hégire (971) jusqu'à l'an 857 (1453).

X

ÊL-SOYOUTTY.

﷽ ابو الفضل عبد الرحمن جلال

الدين محمد السيوطى ﷽

Abou-l-Fadl Abd-ér-Rahman Gelal-éd-dyn Mohammed a été surnommé *él-Soyoutty* parce qu'il était natif de la ville de *Syoutt*, en Egypte, et c'est sous ce surnom qu'il est le plus généralement connu.

Él-Soyoutty est, de tous les écrivains orientaux, celui qui a laissé le plus grand nombre d'ouvrages sur différentes matières ; les bibliographes en énumèrent plus de trente. La bibliothèque de l'Escurial en possède trente-huit M.SS., n°ˢ 1293, 1358, 1359, 1360, 1417, 1418, 1749, etc. On en trouve sept M.SS. à la bibliothèque académique de Leyde, n°ˢ 109, 110, 828, 1365, 1399, 1873 et 1874. La bibliothèque royale de Paris en renferme dix M.SS., n°ˢ 304, 428, 441, 462, 653, 651, 652, 776, 1590 et 1597. Moi-même j'en possède trois que j'ai acquis au Kaire.

Mais le plus important de tous les ouvrages d'*él-Soyoutty,* et le plus riche en détails historiques et descriptifs, est celui qui est intitulé :

حسن المحاضرة فى اخبار مصر
والقاهرة

J'ai rapporté d'Égypte trois beaux manuscrits de ce dernier recueil, dont la bibliothèque royale de Paris possède cinq exemplaires, nᵒˢ 649, 790, 791, 792 et 793. Cet ouvrage existe aussi dans la bibliothèque de l'Escurial, nᵒ 1758; dans celle de Leyde, nᵒˢ 1777, 1778 et 1792; trois autres M.SS. se trouvent dans la bibliothèque Bodleyenne, nᵒˢ 660, 780 et 813; enfin la bibliothèque de Copenhague en conserve également une copie sous le nᵒ 54, dont un fragment a été publié par I. G. C. Adler.

Él-Soyoutty mourut l'an 911 de l'hégire (1505).

XI

BEN-AYAS.

محمد بن احمد بن اياس
الحنفى الجركسى

Mohammed, fils de *Ahmed*, et petit-fils d'*Ayâs*, connu vulgairement sous le nom de *Ben-Ayâs*, a reçu aussi les deux surnoms d'*él-Hanefy* et d'*él-Tcherkassy* : le premier, parce qu'il était de la secte orthodoxe d'*Abou-Hanifah*, et le second, parce qu'il était natif ou originaire de Circassie. Son ouvrage est intitulé :

نشق الازهار فى عجايب الاقطار

L'auteur nous apprend lui-même qu'il l'a terminé le vendredi 14 du mois de Chaabân de l'an 922 de l'hégire (1516).

Cet ouvrage se trouve à la bibliothèque Bodleyenne, n° 914, et à la bibliothèque royale de Paris, n° 595 de l'ancien fonds, et n° 111 des M.SS. de Deshauterayes. J'en possède moi-même un très-bel exemplaire qui forme le n° 56 de ma collection.

Le premier exemplaire de la bibliothèque royale a été copié l'an 1115 de l'hégire (1703); il est d'une main européenne, et est à la fois inexact et mal écrit. L'exemplaire provenant de Deshauterayes est infiniment supérieur par la netteté de son écriture et par son exactitude. La copie en a été terminée au commencement du mois de Raby-êl-âouel de l'an 1044 de l'hégire (septembre 1634).

Mon exemplaire est plus ancien que les deux de la Bibliothèque royale, puisqu'il a été terminé le 19 Regeb de l'an 1019 de l'hégire (août 1610). Ce manuscrit est très-soigneusement copié, et feu M. Langlès, qui m'a honoré de son amitié, et à qui je m'étais fait un devoir de le communiquer, pour la notice de la Cosmographie de *Ben-Ayâs* qu'il a publiée dans la 1re partie du tome VIII des *Notices et extraits des manuscrits de la Bibliothèque royale*, lui rend témoignage que dans la révision de son travail il y a puisé des leçons fort utiles et fort exactes et même plusieurs passages qui manquent aux exemplaires de la bibliothèque royale.

Le silence qu'ont gardé les biographes orientaux sur cet auteur ne nous permet pas de fixer d'une manière tout-à-fait précise l'époque de sa naissance et celle de sa mort : nous ne pouvons déterminer le temps où il florissait que par ce qu'il nous apprend lui-même, comme je viens de le marquer, sur la date à laquelle il a fini son ouvrage. *Hadgy-Khalfah* lui-même n'en donne que des détails peu étendus et peu satisfaisans; il nous apprend seulement « que *Ben-Ayâs* a tiré son ouvrage des anciennes annales, et qu'il » y a rapporté tout ce qu'il avait appris de plus extraordinaire et » de plus remarquable. »

Édouard Pococke possédait aussi un manuscrit de *Ben-Ayâs*, qui a passé dans la bibliothèque Bodleyenne où il existe encore sous le n° 914.

XII

MARAY.

‫* الامام العالم العلامه الشيخ‬

‫مرعى ابن يوسف الحنبلى‬

‫المقدسى *‬

Maray, fils de *Yousouf*, était né à Jérusalem, comme l'indique son second surnom, *él-Moqadessy* : son premier surnom, *él-Hanbaly*, nous apprend qu'il a suivi la secte orthodoxe des Hanbalites. Nous ignorons l'époque précise de sa naissance; mais nous savons qu'il fut tué l'an 1029 de l'hégire (1619). Il avait hautement manifesté ses opinions en faveur du sultan *Moustafâ-ben-Mohammed* (Moustafâ Ier), dix-septième empereur ottoman, qui venait d'être déposé l'an 1027 de l'hégire (1618), et le sultan *Othmân-ben-Ahmed* (Othmân II) exerça contre le partisan fidèle de son prédécesseur une vengeance cruelle.

Maray a composé un Abrégé historique des révolutions de l'Égypte sous les Musulmans; elle porte le titre suivant :

‫نزهت الناظرين فى تاريخ من‬

‫ولى مصر من الخلفا والسلاطين‬

La Bibliothèque royale de Paris possède un manuscrit de cet ouvrage, n° 786, qui a été apporté du Kaire par le savant Vansleb.

Moi-même j'en ai acquis en Égypte un manuscrit in-4°, écrit avec soin, dont la copie a été terminée le 13 Regeb de l'an 1030 de l'hégire (1620).

XIII

BEN-ISHAQ.

* محمد بن اسحاق *

Les biographes orientaux ne nous apprennent rien sur *Moham-med-ben-Ishâq*. Son Recueil historique jouit cependant d'une grande réputation en Égypte. Il est intitulé :

تاريخ اسحاقى جامع لكل الظرايف والمطايف

J'en possède un beau M.S. in-4° que j'ai rapporté du Kaire.

XIV

ÊBN ABY-L-SOROUR

* الشيخ شمس الدين محمد بن ابى السرور الباقرى الصاديقى *

Le cheykh *Chems-éd-dyn-Mohammed* était descendant du Pro-phète par *Aly*, et comptait au nombre de ses ancêtres les cin-quième et sixième imâms *Mohammed-Bâker* et *Djafar-Sâdyq*, fils de *Bâker*, d'où il a pris les deux surnoms d'*él-Bâkery* et d'*él-Sâdyqy*. Il naquit au Kaire l'an 1005 de l'hégire (1596) sous le gouvernement de *Seyd-Mohammed-Pachâ*.

Ébn-Aby-l-Sorour a composé plusieurs ouvrages sur l'histoire de l'Egypte. Je citerai seulement le suivant :

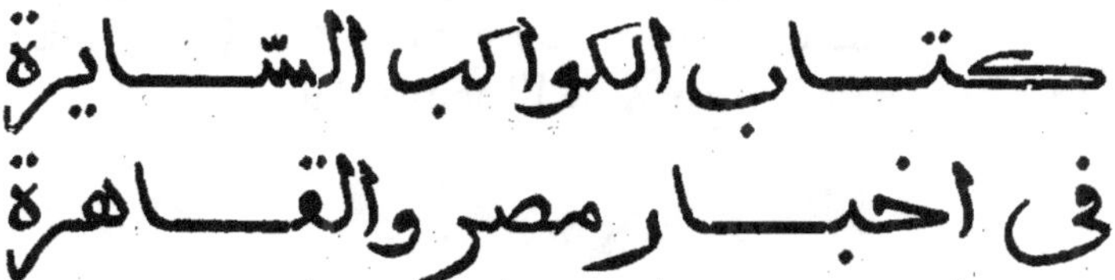

Cet ouvrage contient une histoire complète de l'Egypte depuis les temps les plus anciens jusqu'à l'an de l'hégire 1055 (1646) : il en existe à la Bibliothèque royale, sous le n° 784, un exemplaire provenant de Melchisédec Thevenot, et l'illustre doyen des orientalistes, M. le baron Sylvestre de Sacy, en a publié un long et intéressant extrait, en 1787, dans le 1er volume des *Notices des manuscrits de la bibliothèque royale*.

XV

ÊL-AOUFY.

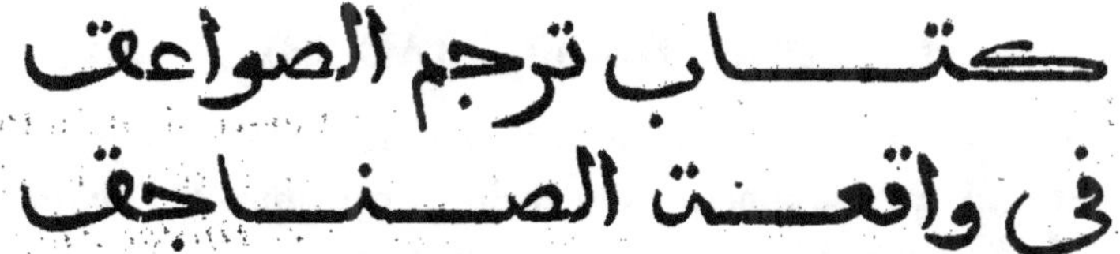

Ibrahym, qui a porté le double surnom d'*él-Souâléhy* et d'*él-Aoufy*, n'est indiqué dans aucune des bibliographies orientales. Tout ce que nous en savons, c'est qu'il écrivait vers l'an 1071 de l'hégire (1660).

Son ouvrage est intitulé :

Ce recueil contient l'histoire complète des Sandjàqs ou Beys du Kaire, depuis la conquête du sultan Sélym Ier jusqu'au temps où vivait l'auteur.

J'en ai rapporté d'Egypte un beau manuscrit in-4°, qui parait autographe, et dont l'auteur annonce avoir terminé la mise au net le 17 Chaoual de l'an 1074 de l'hégire (1664).

XVI

CONTINUATEUR D'ÊBN-ABY-L-SOROUR.

J'ai rapporté d'Egypte ce manuscrit de format in-4°, et d'une écriture assez élégante, mais qui ne porte aucun nom d'auteur.

Son frontispice présente le titre suivant :

الدّرّة المضانت فى وقايع الكنانت

La suite du titre annonce que cet ouvrage contient l'histoire de ce qui s'est passé depuis la déposition du sultan *Mohammed-Khân* (Mahomet IV, fils d'*Ibrahym*, vingtième sultan ottoman), et l'avénement de son frère le sultan *Souleymân-Khân*, qui monta sur le trône l'an 1099 de l'hégire (1687) jusqu'au règne du sultan *Othmân-Khân* (Othmân III) l'an 1168 (1755).

L'histoire des Pachas d'Egypte y est continuée jusqu'à la fin de Regeb de l'an 1169 (1755).

XVII

HISTOIRE DE MOURAD-BEY.

Cette histoire complète du dernier maître de l'Egypte, et qui ne se termine qu'à sa mort, a été écrite par le cheykh *Ismayl-êl-Khachchâb*, archiviste et historiographe du Divan général du Kaire, qui a été connu de tous ceux qui ont fait partie de l'expédition d'Egypte.

Il est de format in·4° et porte le titre suivant :

خلاصة ما يراد من اخبار مراد

L'auteur, avec lequel j'étais particulièrement lié, m'a fait lui-même au Kaire don de son manuscrit autographe, dans lequel j'ai puisé les principaux détails des derniers événemens du Tableau Historique que je présente dans ce volume.

Je n'ai eu aucun besoin de consulter les historiens antérieurs à ceux que comprend cette Notice; leurs extraits se trouvaient fidèlement copiés, suivant la coutume des écrivains orientaux, dans les ouvrages des historiens postérieurs que j'avais entre les mains, et *él-Soyoutty*, par exemple, renferme les extraits textuels de cinquante auteurs dont il cite les noms comme ses prédécesseurs dans l'histoire d'Égypte.

J.-J. M.

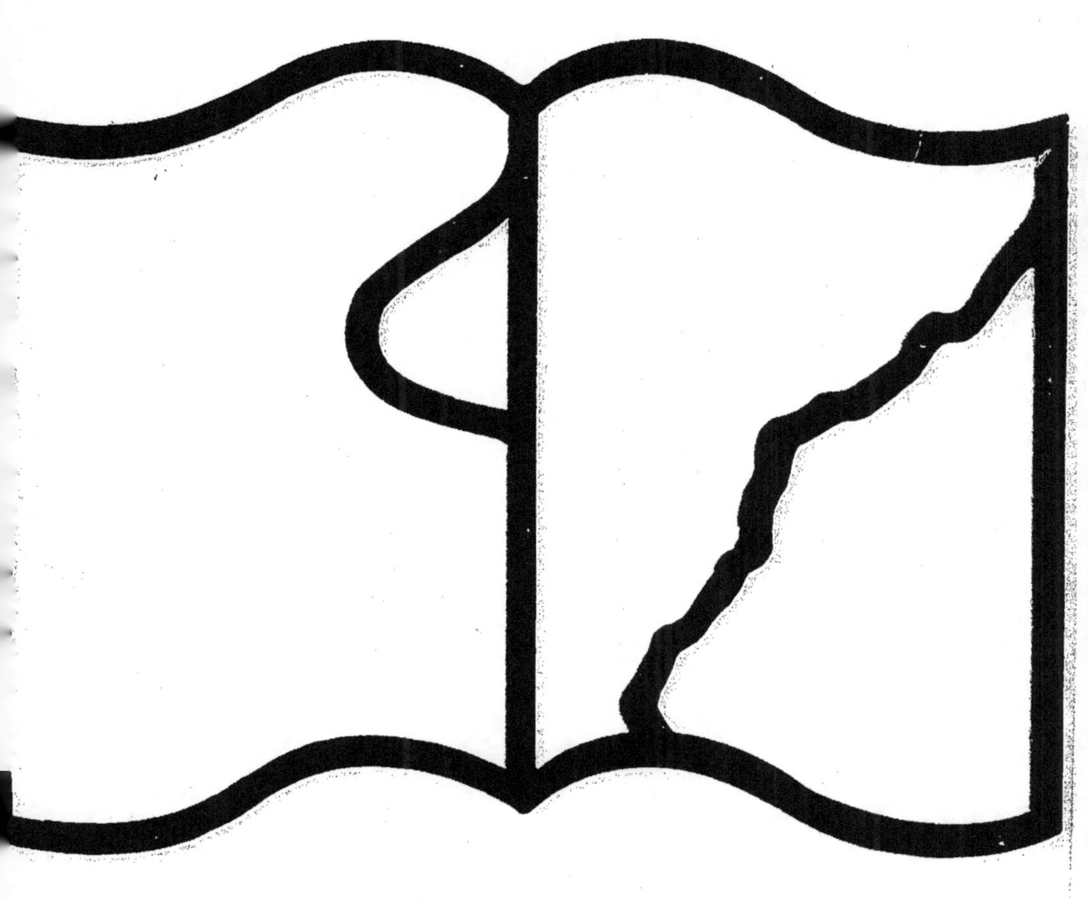

Texte détérioré — reliure défectueuse

NF Z 43-120-11

www.ingramcontent.com/pod-product-compliance
Lightning Source LLC
Chambersburg PA
CBHW060641080726
47818CB00041B/618